4

에로스와 프시케의 이별

주니어RHK

신화의 가치

신화는 한 민족의 기원이나 역사적 · 종교적 · 문화적 삶의 모습을 보여 주는 옛이야기입니다. 주로 신과 영웅에 관한 이야기가 많고, 오랫동안 입에서 입으로 전해 내려왔다는 특징이 있지요.

우리가 살펴볼 그리스 로마 신화는 고대 그리스와 로마에 전해 오는 신화와 전설을 한데 묶은 것입니다. 그리스 로마 신화는 고대의 삶을 엿보게 해 주는 문화유산일 뿐만 아니라, 세계 여러 나라의 문학과 미술에 큰 영향을 끼쳤습니다. 하지만 문화적 가치만큼이나 중요한 것이 또 있습니다. 오래된 옛이야기이면서도 거기에 담긴 교훈적 가치가 오늘날에도 여전히 쓸모 있고 중요하다는 사실입니다.

놀랍지 않나요? 수천 년 전의 이야기가 어떻게 과학 문명이 고도로 발달한 오늘날에도 통하는 것일까요? 그것은 바로 그리스 로마 신화에 나오는 신과 영웅의 모습이 오늘날 우리의 모습과 다르지 않기 때문입니다. 신들도 우리처럼 분노하고, 질투하고, 실수를 하지요. 그런 모습을 보면서 우리는 깔깔 웃거나 눈물을 흘리고, 교훈과 감동을 얻습니다. 우리가 그리스 로마 신화를 읽어야 하는 까닭이 바로 이것입니다.

신화의 세계로 떠날 여러분에게 한마디 덧붙이자면, 신화는 우리에게 끝없는 상상력을 요구한다는 점입니다. 신화 속에는 수많은 은유와 상징이 곳곳에 널려 있지요. 따라서 신화를 읽을 때에는 상상력을 최대한 발휘하여 신화 속에 숨겨진 의미를 찾고, 그것을 자기 나름대로 재해석하는 과정이 필요합니다. 이렇게 읽었을 때에야 비로소 여러분 앞에 놀라운 삶의 이야기가 펼쳐질 것입니다.

자, 그럼 흥미진진한 신화의 세계 속으로 함께 떠나 볼까요?

프시케는 아름다운 궁전에서 행복하게 결혼 생활을 하지요.
하지만 얼굴도 모르는 남편은 밤중에만 찾아오고
프시케의 외로움은 점점 깊어만 갑니다.
그러던 중 프시케를 만나러 온 언니들은 남편의 얼굴을
확인해 보라며 프시케를 부추깁니다.
과연 프시케는 남편과 한 약속을 지킬 수 있을까요?

주요 등장인물

프시케

어여쁜 외모로 사람들한테서 많은 사랑을 받아요.
하지만 그것 때문에 아프로디테 여신의 미움을 사지요.
괴물인 줄만 알았던 남편이 에로스인 것을 알고 기뻐하지만,
얼굴을 보지 않기로 한 약속을 깨뜨려 이별하게 돼요.

에로스

아프로디테의 아들로, 사랑의 신이에요.
신과 인간에게 화살을 쏘아
사랑이나 미움을 싹트게 하는 능력이 있어요.
약속을 깬 프시케를 원망하며 떠나가지만
프시케를 잊지 못하고 괴로워해요.

제피로스

서풍의 신으로, 트라키아 동굴에 산다고 해요.
프시케를 배려한 에로스의 명령으로,
프시케의 언니들을 프시케가 사는 궁으로
데려다 주어요.

프시케의 언니들

외모는 아름답지만
질투심이 강하고 욕심이 많아요.
프시케를 부추겨 남편과의 약속을
깨뜨리게 만들어요.

1
외로움에 빠진 프시케

프시케는 에로스와 지내는 것이 더없이 행복했지만,

한편으로는 부모님과 언니들이 그리웠습니다.

"아버지, 어머니는 내가 이렇게 잘 지내는 걸 모르시겠지?"

프시케는 누구보다도 행복한 결혼 생활을 했습니다. 비록 어둠 속에서만 남편을 만날 수 있었지만, 남편에 대한 프시케의 사랑은 점점 깊어졌습니다.

에로스와 프시케는 어두운 밤이 오면 도란도란 이야기를 나누며 둘만의 행복한 시간을 보냈습니다. 그러다가 프시케가 잠이 들면, 에로스는 사랑이 가득 담긴 눈길로 잠든 프시케를 내려다보곤 했습니다. 그리고 어스름한 새벽이 다가올 때쯤 소리 없이 궁전을 빠져나갔습니다. 에로스는 매일 밤 자신의 모습을 숨긴 채 프시케를 찾아왔습니다.

시간이 흐르자 프시케는 혼자 지내는 낮 시간이 심심해졌습니다. 가족도 없고, 친구도 없는 큰 궁전에서 프시케는 점점 지루함을 느꼈습니다. 그저 어서 한밤중이 되어 남편이 오기만을 바랄 뿐이었어요. 어느 순간부터 프시케는 아름다운 궁전을 감옥처럼 느끼게 되었습니다.

그러던 어느 밤, 프시케는 남편이 날이 밝기도 전에 자신 곁을 떠나야 한다는 사실이 *서글퍼졌습니다.

"오늘도 저를 남겨 두고 가시는 건가요? 아, 저는 당신의 모습이 너무 보고 싶어요. 딱 한 번만이라도 좋으니 당신을 본다면 소원이 없겠어요."

하지만 에로스는 *정색을 하고 말했습니다.

"안 돼요. 나와 한 약속을 벌써 잊었나요?"

"아니에요. 하지만 밤마다 당신을 기다리는 일이 점점 힘들어져요."

"프시케, 왜 내 모습을 그렇게 보고 싶어 하는 거죠? 당신은 나의 사랑을 믿지 못하는 건가요? 당신이 나를 보게 되면 아마도 나를 두려워하거나 존경하게 될 거예요. 그건 내가 바라는 게 아니에요. 나는 당신이 나를 그저 남편으로서 사랑해 주기를 바란답니다."

"알겠어요. 제가 어리석었어요. 다시는 안 그럴게요."

에로스와 프시케는 서로를 따뜻하게 안았습니다. 프시케는 잠시나마 남편의 모습을 보려고 했던 것을 후회했습니다.

*서글프다 쓸쓸하고 외로워 슬프다.
*정색 얼굴에 엄격한 빛을 나타냄. 또는 그런 얼굴빛.

새벽이 되어 떠나는 에로스

〈에로스와 프시케〉 프랑수아 에두아르 피코

해가 뜨기 전, 에로스가 잠든 프시케를 두고 황급히 떠나는 모습이에요. 떠나면서도 잠든 프시케의 얼굴을 돌아보는 에로스의 모습에서 안타까움이 묻어나요. 기둥 사이로 날이 밝아 오는 모습이 보이고, 한쪽에는 에로스의 상징인 화살통도 보여요.

프시케는 에로스와 지내는 것이 더없이 행복했지만, 한편으로는 부모님과 언니들이 그리웠습니다.

"아버지, 어머니는 내가 이렇게 잘 지내는 걸 모르시겠지? 날마다 내 걱정을 하시며 마음 아파하실 텐데……. 두 언니들은 행복하게 잘 살고 있을까?"

그날 밤, 풀이 죽은 프시케를 보며 에로스가 물었습니다.

"사랑하는 프시케, 무슨 걱정이라도 있나요?"

프시케는 애써 미소를 지어 보였습니다. 하지만 에로스는 프시케의 슬픔을 그대로 느낄 수 있었습니다.

“프시케, 무슨 일인지 말해 봐요.”

“사실 부모님과 언니들이 보고 싶어요. 혼자 있는 시간이 많다 보니 자꾸만 사람들이 그리워져요. 이 넓은 궁전에 사람이라곤 저밖에 없고, 너무 외로워서 견딜 수가 없어요. 낮에 언니들을 불러 이야기를 나누어도 될까요?”

그 말을 듣고 한동안 말없이 고민에 잠겼던 에로스가 입을 열었습니다.

"알겠어요. 그럼 언니들을 불러요."

"예? 정말요?"

프시케는 에로스의 대답에 깜짝 놀랐습니다.

"당신이 외로워하는 건 나도 바라지 않아요. 그러니 언니들을 초대해요. 하지만 이것만은 잊지 말아요. 언니들이 나에 대해 묻더라도 아무 말도 해서는 안 돼요."

"예, 알겠어요. 절대 아무 말도 하지 않을게요. *맹세해요."

 *맹세하다 어떤 약속이나 목표를 꼭 실천하겠다고 다짐하다.

2
언니들과의 만남

궁전 앞에서 언니들을 기다리던 프시케는
언니들이 나타나자 반갑게 달려 나갔습니다.
"언니들, 어서 와요!"
프시케는 두 언니를 와락 껴안고 눈물을 글썽거렸습니다.

에로스는 서풍의 신 제피로스를 불렀습니다.

"제피로스, 부탁이 있어. 내 사랑스러운 아내 프시케를 위해 그녀의 언니들을 이 궁전으로 데려다 줘."

제피로스는 에로스의 명령을 받아 즉시 산을 넘어 프시케의 두 언니를 데리러 갔습니다.

"프시케 님이 공주님들을 초대하셨습니다."

"예? 프시케가 우리를 초대했다고요?"

오랫동안 프시케의 소식을 듣지 못했던 언니들은 깜짝 놀라 눈이 휘둥그레졌습니다.

"프시케는 잘 지내고 있나요?"

"그건 걱정 마시고, 저만 따라 오시면 됩니다."

제피로스는 두 언니를 구름에 태우고 프시케가 살고 있는 궁전을 향해 쏜살같이 날아갔습니다. 우거진 숲과 골짜기를 지나 이윽고 깊은 산속에 도착한 프시케의 언니들은 그곳에서 무척이나 화려하고 웅장한 궁전을 보고 깜짝 놀랐습니다. 제피로스가 궁전을 가리키며 말했습니다.

"저곳이 바로 프시케 님이 살고 있는 궁전입니다."

한편 궁전 앞에서 언니들을 기다리던 프시케는 언니들의 모습이 보이자 반갑게 달려 나갔습니다.

"언니들! 어서 와요!"

프시케는 두 언니를 와락 껴안고 눈물을 글썽거렸습니다.

"얼마나 보고 싶었는지 몰라요."

"우리도 네가 무척 보고 싶었단다. 그런데 통 소식을 들을 수가 있어야지……. 정말 답답했단다."

"자, 어서 궁전으로 들어가요. 그동안 못 한 이야기는 앉아서 실컷 하자고요."

프시케는 활짝 웃으며 언니들의 손을 꼭 잡고 궁전으로 이끌었습니다.

"우리 프시케가 이렇게 멋진 궁전에서 살고 있다니!"

두 언니는 웅장한 궁전의 모습에 넋을 잃었습니다. 궁전은 계단, 벽, 천장 할 것 없이 온통 아름다운 보석들로 꾸며져 있었습니다. 언니들은 궁전을 보며 벌린 입을 한참 동안 다물지 못했습니다.

에로스의 선물을 자랑하는 프시케

〈언니들에게 에로스의 선물을 자랑하는 프시케〉 장 오노레 프라고나르

프시케가 언니들에게 남편 에로스한테 받은 화려한 옷감과 보석, 장식품들을 보여 주고 있어요. 하인들의 시중을 받고 있는 프시케의 모습과 부러운 눈길로 에로스의 선물을 바라보는 언니들의 모습이 대조적이에요. 언니들은 프시케가 잘 사는 모습에 질투를 하고, 이 질투는 뜻밖의 결과를 가져온답니다.

프시케는 궁전 이곳저곳을 안내하며 하인들에게 두 언니의 시중을 들게 했습니다. 두 언니는 향긋하고 따뜻한 물에서 목욕도 하고, 꽃향기가 가득한 정원에서 온갖 귀하고 맛 좋은 음식을 먹었습니다. 그리고 프시케가 보여 주는 예쁜 옷과 보석들을 구경했습니다. 이렇게 프시케와 두 언니는 오랜만에 이야기꽃을 피우며 즐거운 시간을 보냈습니다. 프시케는 언니들의 얼굴만 보아도 행복했습니다.

3
질투하는 언니들

언니들은 프시케를 걱정하는 척하며 말했습니다.

"밤에만 나타난다고? 그것 참 이상한 일이네."

"왜 얼굴을 안 보여 주는 걸까? 뭔가 수상해."

“프시케, 정말 아름다운 궁전에서 살고 있구나. 너 행복하게 잘 지내는 거지?”

두 언니가 궁금해 하자 프시케는 웃으며 고개를 끄덕였습니다. 행복한 미소를 짓는 프시케를 바라보며 두 언니는 속으로 생각했습니다.

‘도대체 어떻게 된 일이지? 프시케는 괴물의 아내가 된다는 신탁을 받았는데…….’

‘흥, 뭐야. 우리보다 훨씬 근사한 궁전에서 *호사스럽게 살고 있잖아.’

*호사스럽다 호화롭게 사치하는 태도가 있다.

욕심 많은 두 언니는 프시케가 잘사는 모습을 보자 샘이 났습니다. 언니들은 프시케의 눈치를 살피며 질문을 늘어놓기 시작했습니다.

"네 괴물 남편은 무섭지 않니?"

"전혀 안 무서워요. 제 남편은 괴물이 아니거든요."

프시케가 환하게 웃으며 대답하자 언니들은 깜짝 놀라 되물었습니다.

"그럼, 어떤 사람이야?"

"제 남편은 아주 아름다운 청년이에요. 낮에는 주로 산에서 사냥하느라 바쁘고, 밤이 되어서야 돌아온답니다."

프시케의 남편이 괴물이 아니라니, 언니들은 더욱 샘이 났습니다.

궁금증도 점점 커졌습니다. 하지만 애써 *태연한 척 넌지시 말을 건넸습니다.

"그런데 남편은 어디에 갔니? 어떻게 생겼는지 정말 궁금하다."

"맞아. 우린 지금까지 얼굴도 못 봤잖니."

프시케는 언니들의 말에 갑자기 주르륵 눈물을 흘렸습니다. 이상하게 여긴 두 언니가 때를 놓치지 않고 물었습니다.

"프시케, 왜 그래? 갑자기 왜 우는 거니?"

"너, 우리한테 말 못 할 고민이 있는 거지?"

하지만 프시케는 입을 꼭 다문 채 아무 말도 하지 않았습니다.

*__태연한__ 마땅히 머뭇거리거나 두려워할 상황에서 태도나 기색이 아무렇지 않은 듯 예사로운.

“프시케, 언니들한테 털어놓으렴. 우리가 도와줄게. 응?”

프시케는 눈물을 거두고 언니들에게 말했습니다.

“사실은 저도 아직까지 제 남편 얼굴을 못 봤어요.”

“뭐라고? 아직까지 네 남편 얼굴을 모른다는 거야?”

프시케가 슬픈 표정으로 고개를 끄덕였습니다.

“그분은 어두운 밤에만 저를 찾아와요. 그러고는 해가 뜨기도 전에 사라지지요. 저는 절대 그분의 얼굴을 보지 않기로 약속했답니다.”

언니들은 프시케를 걱정하는 척하며 말했습니다.

“밤에만 나타난다고? 그것 참 이상한 일이네.”

“왜 얼굴을 안 보여 주는 걸까? 뭔가 수상해.”

“언니들, 하지만 그분은 다정하고 친절한 분이에요.”

프시케가 눈을 반짝이며 말했지만, 언니들은 계속해서 프시케의 남편을 의심했습니다.

"프시케, 부모님이 받은 신탁 기억나니? 넌 무시무시한 괴물과 결혼한다고 했잖아! 떠도는 소문에 의하면 네 괴물 남편이 너에게 좋은 음식만 먹여 살을 찌워서는 언젠가 잡아먹고 말 거래. 그런데도 네 남편을 믿는 거야?"

"그래, 네 남편은 위험한 괴물일지 몰라. 그게 아니면 왜 밤에만 나타나겠니?"

언니들의 말에 프시케는 몹시 당황했습니다.

'아냐, 그럴 리가 없어. 남편이 나한테 얼마나 다정하고 좋은 분인데…….'

프시케는 속으로 이렇게 외쳤지만 한편으로는 언니들 말이 맞을지도 모른다는 생각이 들었습니다.

"그럼, 언니들, 제가 어떻게 하면 좋을까요?"

덜컥 겁이 난 프시케가 울먹이며 언니들에게 물었습니다.

"프시케, 우리 말대로 하렴. 우선 *등잔을 준비해서 들키지 않도록 침대 밑에 잘 숨겨 둬. 그리고 네 남편이 잠들면 등잔에 불을 붙여 얼굴을 비춰 보는 거야."

"만약 네 남편이 괴물이라면 너를 해칠지 모르니까 날카로운 칼도 준비해 두는 게 좋겠다. 네 남편이 정말 괴물이라면 조금도 망설이지 말고 목을 베어 버리렴. 그래야 네가 풀려날 수 있을 테니까!"

두 언니의 말에 프시케의 마음은 점점 불안과 의심으로 가득 차게 되었습니다.

*등잔 기름을 담아 등불을 켜는 데에 쓰는 그릇.

언니들이 돌아가고 난 뒤 프시케는 한동안 괴로운 생각에 빠졌습니다.

'언니들 말대로 내 남편이 무시무시한 괴물이면 어쩌지? 처음에는 잘해 주다가 어느 순간 날 해치는 건 아닐까?'

프시케는 점점 남편의 얼굴이 궁금해졌습니다.

고민하던 프시케는 마침내 언니들의 말을 따르기로 했습니다.

'그래, 평생 동안 불안에
떨며 살 수는 없어.
남편이 괴물인지 아닌지
내 눈으로 직접 확인해
봐야겠어!'

그날 저녁 프시케는
남편이 오기 전에 침대 밑에
등잔을 숨겨 두었습니다.
그리고 만일을 대비해
날카로운 칼을 감추어 두는
것도 잊지 않았습니다.

4
깨진 약속

'아, 역시 당신은 괴물이 아니었군요!'
프시케는 에로스의 얼굴을 더 자세히 보려고
손에 든 등잔을 얼굴 가까이 갖다 댔습니다.

이윽고 어둠이 내리고 여느 때와 다름없이 에로스가 프시케를 찾아왔습니다. 에로스는 사랑이 가득한 목소리로 물었습니다.

"프시케, 언니들과는 잘 만났나요? 즐거운 시간을 보냈는지 궁금해요."

"예, 함께 식사도 하고, 이야기도 많이 나누었어요."

에로스의 목소리를 듣자 프시케는 마음이 흔들렸습니다.

'이렇게 좋은 분이 괴물일 리 없어. 하지만…….'

프시케는 남편에 대한 의심을 떨쳐 버리기 위해서라도 꼭 얼굴을 봐야겠다고 마음먹었습니다.

"혹시 언니들이 나에 대해 묻지는 않던가요?"

에로스의 갑작스러운 질문에 프시케는 당황하여 말을 더듬었습니다.

"예? 어, 어디 가셨냐고 묻기에 그냥 사냥 갔다고 말했어요."

"잘했어요, 프시케."

에로스는 프시케의 옆에 누워 편안한 얼굴로 잠을 청했습니다.

에로스는 곧 깊은 잠에 빠졌지만 프시케는 잠을 이룰 수 없었습니다. 프시케는 한참을 망설이던 끝에 이윽고 숨겨 놓은 등잔과 칼을 꺼냈습니다. 그러고는 손을 부들부들 떨며 살며시 등잔에 불을 붙였습니다.

'괴물이 아닐 거야. 절대 괴물일 리가 없어.'

프시케는 마음속으로 몇 번이나 *되뇌며, 사랑스럽고 다정한 남편이 괴물이 아니기를 간절히 바랐습니다. 프시케는 한 손에는 등잔을, 한 손에는 칼을 들고

*되뇌다 같은 말을 되풀이하며 말하다.

살금살금 남편에게로 다가갔습니다. 그리고 남편의 얼굴에 가만히 불빛을 비추었습니다.

'아, 이럴 수가!'

불빛에 드러난 남편의 모습은 무시무시한 괴물이 아니라 신들 중에서도 아름답기로 소문난 에로스 신이었습니다. 남편의 아름다운 모습에 프시케는 그만 넋이 나가고 말았습니다. 아름답고 찬란한 머리카락이 눈처럼 하얀 목과 발그레한 뺨을 감싸고 있었습니다. 그리고 에로스의 어깨에는 촉촉한 이슬에 젖은 두 날개가 돋아 있었습니다. 날개는 눈송이보다 하얗게 빛나고, 깃털은 봄에 피어나는 꽃잎만큼 보드라웠습니다.

'아, 역시 당신은 괴물이 아니었군요!'

프시케는 에로스의 얼굴을 더 자세히 보려고 손에 든 등잔을 얼굴 가까이 갖다 댔습니다. 그런데 그 순간 뜨거운 기름 한 방울이 잠자는 에로스의 어깨에 톡 떨어지고 말았습니다.

"앗, 뜨거워!"

에로스는 소스라치게 놀라며 눈을 떴습니다. 에로스의 눈에 등잔불을 든 채 당황하며 서 있는 프시케가 보였습니다. 에로스는 상황을 깨닫고 프시케를 말없이 노려보았습니다. 에로스의 눈동자에는 원망과 분노가 서려 있었습니다. 프시케는 에로스의 눈길에 바짝 얼어붙어 꼼짝도 못했습니다. 에로스의 눈길이 자신이 들고 있는 칼에 머물자 프시케는 가슴이 철렁 내려앉았습니다.

"아, 에로스 님, 제발 가지 마세요. 제가 잘못했어요."

프시케는 에로스를 붙잡으려고 달려갔지만, 에로스는 프시케의 손길을 뿌리쳤습니다.

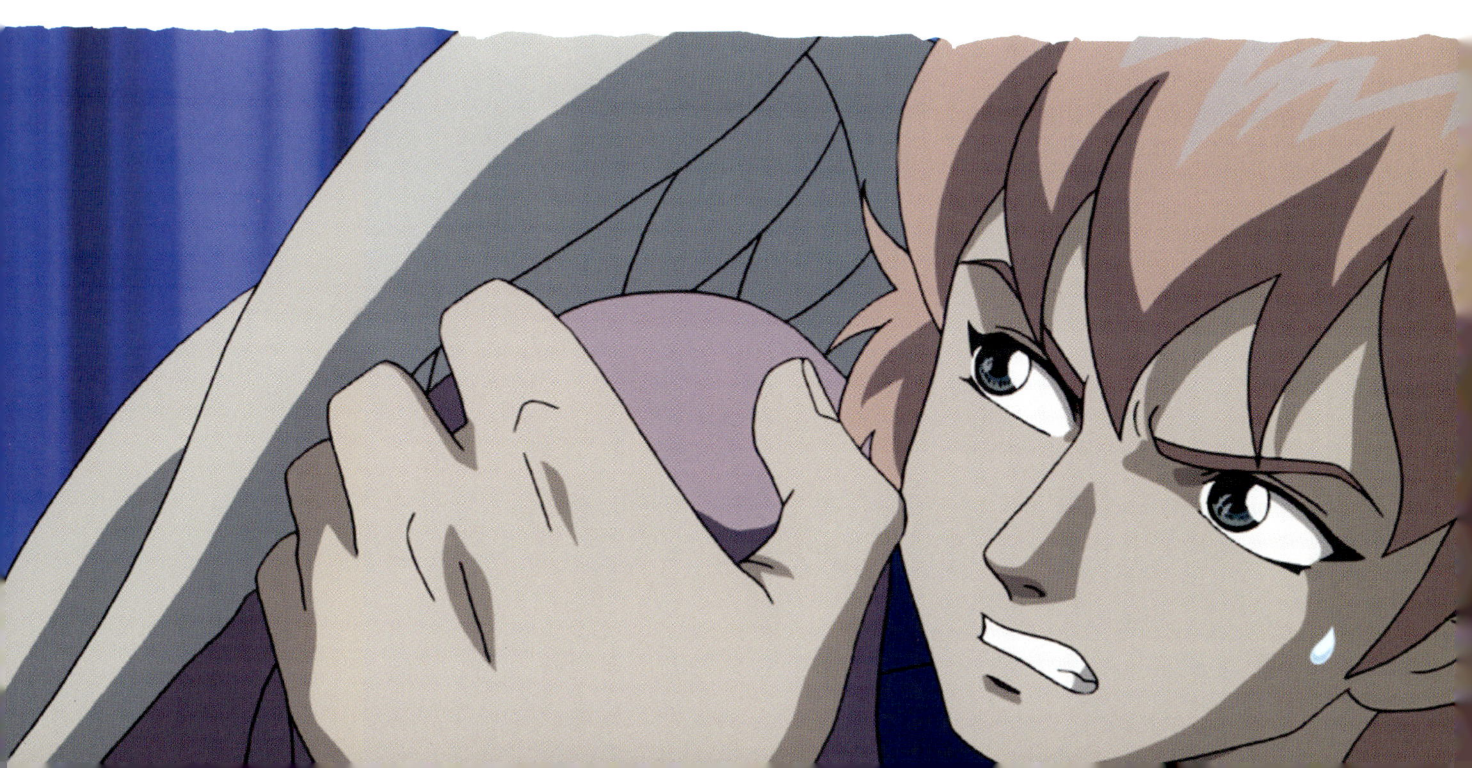

등잔불을 비추는 프시케

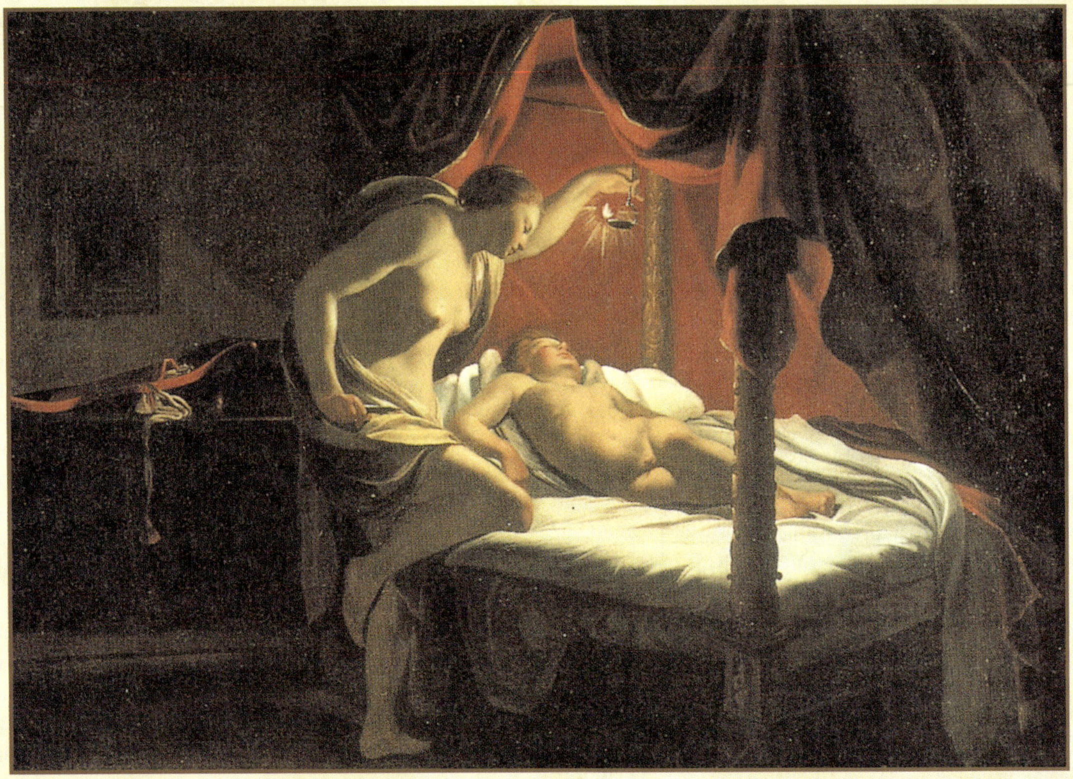

〈에로스와 프시케〉 시몽 부에

프시케가 언니들의 부추김에 넘어가 남편의 얼굴에 등잔불을 비추고 있는 모습이에요. 다른 한 손에는 칼을 들고 있지요. 하지만 남편이 아름다운 에로스라는 걸 알고 크게 놀란 프시케는 그만 실수를 하고 말아요. 등잔의 뜨거운 기름을 떨어뜨리거든요. 깜짝 놀라 잠에서 깬 에로스는 프시케가 자신을 의심했다는 사실에 큰 상처를 받게 됩니다.

5
떠나 버린 에로스

'내가 도대체 무슨 짓을 한 거지?
나를 진정으로 아끼고 사랑하는 남편을 괴물로 의심하다니,
정말 어리석었어.'

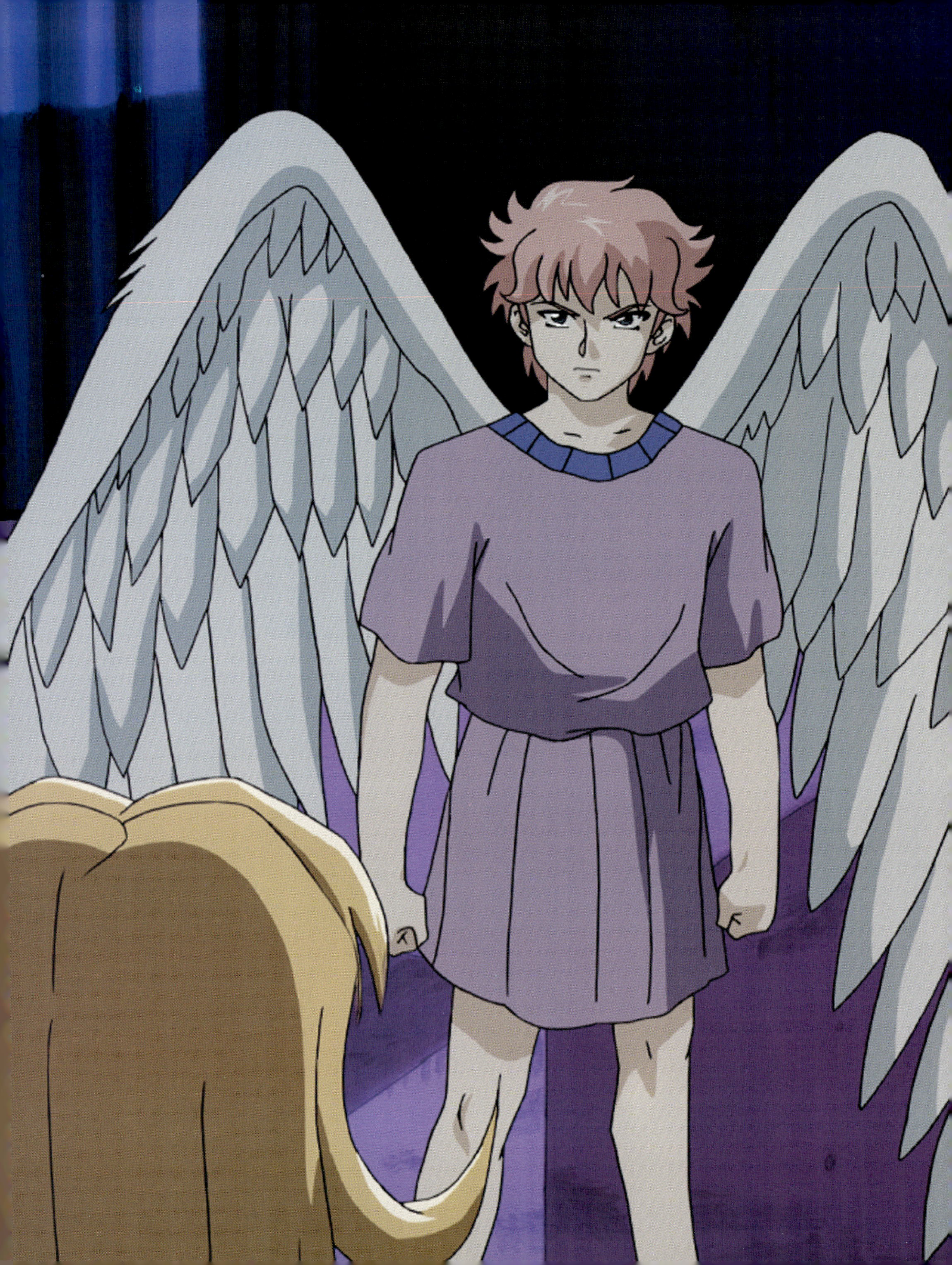

에로스는 냉정한 목소리로 입을 열었습니다.

"어리석은 프시케, 이것이 내 사랑에 대한 보답인가요?"

놀란 프시케는 울음을 터뜨리며 에로스에게 매달렸습니다.

"오, 저를 용서하세요! 당신을 의심한 저를 용서하세요."

"당신이 어떻게 나에게 이럴 수 있나요?"

에로스의 목소리는 실망과 괴로움으로 가늘게 떨렸습니다.

"어리석은 프시케. 나는 당신에게 벌을 주라는 어머니 아프로디테의 명령을 어기고 당신을 아내로 맞았는데, 당신은 내 사랑을 믿지 못하고 심지어 나를 죽이려 하다니……."

에로스는 커다란 두 날개를 활짝 펴며 창밖으로 날아올랐습니다.

"아, 에로스 님, 제발 가지 마세요. 제가 잘못했어요."

프시케는 에로스를 붙잡으려고 창문 쪽으로 달려갔지만, 에로스는 프시케를 냉정히 뿌리쳤습니다.

프시케는 눈물을 펑펑 쏟으며 간절한 눈빛으로 에로스를 바라보았습니다. 에로스는 공중에서 날갯짓을 하며 그녀를 내려다보고 차갑게 말했습니다.

"내 말을 잊은 건 아니겠죠? 당신이 내 얼굴을 보게 되면 우리는 영영 만날 수 없다고 말했을 텐데……. 나의 말을 가벼이 여긴 당신과 더 이상 함께 살 수 없으니, 언니들에게 돌아가도록 해요. 사랑과 의심은 함께할 수 없는 법이랍니다."

말을 끝내자마자 에로스는 눈 깜짝할 새 하늘 높이 사라져 버렸습니다. 프시케는 하염없이 눈물만 흘렸습니다.

'내가 도대체 무슨 짓을 한 거지? 나를 진정으로 아끼고 사랑하는 남편을 괴물로 의심하다니, 정말 어리석었어.'

프시케는 가슴을 치며 깊이 후회했지만, 이미 때는 늦었습니다.

얼마 후 프시케는 울음을 그치고 겨우 정신을 차렸습니다. 그런데 주위를 둘러보니 궁전은 온데간데없이 사라지고 자신은 풀밭 위에 엎드려 있었습니다. 그곳은 두 언니가 살고 있는 곳에서 그리 멀지 않은 들판이었습니다. 프시케는 슬픔을 가득 안고 언니들을 만나기 위해 길을 떠났습니다.

이제 더 이상 사랑하는 남편 에로스를 만날 수 없다는 사실을 프시케는 믿을 수 없었습니다.

6
에로스를 찾아 떠나는 프시케

'아, 이대로는 안 되겠어. 어떻게 해서든
에로스 님을 만나 꼭 용서를 빌어야 해.'
마침내 프시케는 에로스를 찾아가기로 결심하고
무작정 길을 떠났습니다.

프시케는 언니들이 사는 곳을 *수소문해 찾아갔습니다. 두 언니는 갑자기 나타난 프시케를 보고 깜짝 놀랐습니다.

"어머, 프시케, 네가 여기는 웬일이니?"

"너, 왜 그래? 도대체 무슨 일이야?"

"흑흑. 언니들……. 제 남편이 떠나 버렸어요."

"뭐라고?"

"남편이 떠나다니 무슨 소리야?"

"사실 제 남편은 무시무시하고 끔찍한 괴물이 아니라 사랑의 신 에로스 님이었답니다."

*수소문하다 세상에 떠도는 소문을 두루 찾아 살피다.

"뭐? 네 남편이 에로스 님이었다고?"

"세상에! 그렇게 멋지고 아름다운 신 에로스 님이 프시케의 남편이었다니……."

언니들은 프시케의 말에 놀라 입을 다물지 못했습니다.

"하지만 이제는 아니에요. 제가 어리석게도 에로스 님을 의심해 약속을 어기고 그분 얼굴을 보았어요. 그래서 그분은 제 곁을 영원히 떠나고 말았어요."

프시케의 두 뺨 위로 눈물이 주르르 흘러내렸습니다.

"언니들, 저는 이제 어쩌면 좋을까요?"

"프시케, 정말 안됐구나."

"그래, 우리가 괜히 미안하다."

언니들은 겉으로는 슬퍼하는 척했지만, 속으로는 매우 *고소하게 여겼습니다.

욕심이 화를 부른 프시케의 언니들

프시케의 언니들은 겉과 속이 다른 사람들로, 프시케를 위하는 척하며 사실은 프시케의 불행을 기뻐했습니다. 그런데 거기서 그치지 않고 더 욕심을 부려 자기들이 에로스의 부인이 되려고 산꼭대기로 올라갑니다. 제피로스가 프시케를 에로스의 궁전으로 데려간 것처럼 자기들도 그곳에 가면 에로스를 만날 거라고 믿었던 것이지요. 결국 제피로스가 자신들을 받아 줄 것이라 생각한 언니들은 산꼭대기에서 몸을 던지고 결국 비참한 죽음을 맞이합니다. 탐욕스러운 언니들의 소원을 제피로스가 들어줄 리 없었던 것이지요.

*고소하다 미운 사람이 잘못되는 것을 보고 속이 시원하고 재미있다.
*과분한 분수에 넘치는.

'프시케, 에로스 님은 너한테 *과분한 남편이었어. 그걸 알아야지.'

'처음부터 있을 수 없는 일이었지.'

프시케는 그런 언니들의 속마음도 모른 채 언니들의 위로를 받자 괴로운 마음을 어느 정도 달랠 수 있었습니다.

하지만 프시케는 에로스를 잊지 못하고 날마다 눈물로 세월을 보냈습니다. 그러다가 어느 순간 남편과 한 약속을 어긴 자신이 얼마나 어리석었는지를 깨달았습니다.

'아, 이대로는 안 되겠어. 어떻게 해서든 에로스 님을 만나 꼭 용서를 빌어야 해.'

마침내 프시케는 에로스를 찾아가기로 결심하고 무작정 길을 떠났습니다. 밤낮을 가리지 않고 곳곳을 떠돌며 사람들에게 묻고 또 물었습니다. 하지만 에로스를 찾아가는 길은 생각보다 힘겹고 고통스러웠습니다.

'언젠가는 에로스 님을 만날 수 있을 거야. 그래, 용기를 내자.'

프시케는 자신을 *다독이면서 거친 자갈밭을 지나고, 깎아지른 듯한 높은 절벽도 올랐습니다. 프시케의 온몸은 상처투성이가 되고, 옷도 누더기가 되었습니다. 하지만 프시케는 그런 것은 *안중에도 없었습니다. 오직 에로스 생각뿐이었습니다.

'나 때문에 에로스 님이 받은 상처에 비하면 이까짓 상처는 아무것도 아니야. 아, 에로스 님, 정말 미안해요. 나를 그렇게 믿고 사랑해 주셨는데…….'

*다독이다 약한 점을 따뜻이 어루만져 감싸고 달래다.
*안중 관심이나 의식이 되는 범위 안.

프시케는 눈앞을 가로막은 높은 바위 산이나 뜨거운 모래밭, 깊고 푸른 강도 전혀 두렵지 않았습니다. 그녀는 멈추지 않고 걷고 또 걸었습니다. 하지만 세상 어느 곳에서도 에로스를 만날 수는 없었습니다.

어느 날, 힘겨운 여행에 지친 프시케는 그만 땅바닥에 주저앉고 말았습니다.

'에로스 님, 당신은 어디에 계신가요? 당신이 보고 싶어 못

견디겠어요.'

참았던 눈물이 프시케의 눈에서 넘쳐 흘렀습니다. 한참을 울던 프시케는 문득 고개를 들었습니다. 그녀의 눈앞에 훌륭한 신전이 보였습니다.

'그래, 맞아! 신전에 가면 에로스 님의 소식을 들을 수 있을지도 몰라.'

프시케는 눈물을 훔치고 힘을 내어 신전을 향해 숨 가쁘게 달려갔습니다.

에로스와 프시케의 사랑 이야기

에로스와 프시케의 사랑은 어려운 시련을 견디고 이룬 것이라는 점에서 아름다운 이야기로 널리 알려졌습니다. 그래서 여러 문학 작품이나 그림에도 다양한 모습으로 소개되고 있어요. 프랑스 작가 보몽 부인이 쓴 《미녀와 야수》 이야기도 기본 이야기 구조는 에로스와 프시케의 사랑과 매우 비슷하지요. 등장인물이 다르기는 해도, 사랑은 눈에 보이는 것만이 다가 아니라 보이지 않는 것까지 믿고 아끼는 진실한 마음이라는 사실을 이야기하고 있으니까요.

신화 OLYMPUS GUARDIAN 뒷이야기

사랑에 빠진 사람은 당연히 상대방에게 관심과 애정을 갖기 마련입니다. 그래서 그 사람에 대해 하나부터 열까지 알고 싶어 하고, 서로에게 특별한 존재가 되기를 바라지요.

하지만 때때로 관심이 지나치다 보면 상대방을 의심하거나 자신이 만든 틀 안에 가두려 하기도 합니다. 이렇게 변해 버린 사랑의 감정은 오히려 상대방에게는 답답한 감옥처럼 느껴지지요.

프시케는 처음에 끔찍하고 무시무시한 괴물과 살게 되리라는 신탁을 듣고 남편의 존재를 두려워합니다. 하지만 신탁과는 달리 숲 속의 아름다운 궁전에서 풍요롭게 지내며 남편의 사랑을 듬뿍 받습니다. 남편의 얼굴을 보지 못한다는 것만 빼면 모든 것이 행복하고 만족스러운 결혼 생활이었지요.

하지만 프시케는 외로움에 지쳐 언니들을 초대하고, 두 언니의 부추김에 넘어가 남편을 의심하게 됩니다. 결국 남편과의 약속을 어기고 얼굴에 불빛을 비추어 그가 에로스라는 걸 알게 됩니다. 에로스는 사랑과 의심은 함께할 수 없다는 말을 남기고 홀연히 떠나 버립니다.

상대방의 의심에 상처 입고 떠난 에로스. 그런 에로스를 바라보며 자신의 어리석음을 후회하고 에로스에게 용서를 빌기 위해 험난한 여행을 떠나는 프시케. 이 둘의 모습을 통해 우리는 한 번 금이 간 사랑을 다시 회복하는 일이 얼마나 힘겹고 어려운 일인지를 느끼게 됩니다. 또 잃고 나서야 그것이 얼마나 소중했는지를 깨닫는 것은 부질없는 일이라는 것을 알 수 있지요.

프시케의 이야기는 우리에게 진정한 사랑은 어떤 상황에서도 상대방을 믿고, 있는 그대로의 모습을 아끼며 의심하지 않는 것이라는 점을 알려 주고 있습니다.

올림포스 신들의 계보

- **크로노스 + 레아**
  - **하데스** 지하 세계의 왕
  - **포세이돈** 바다의 신
  - **제우스** 신들의 왕
    - **아테나** 지혜 · 전쟁의 여신 — 제우스 + 메티스
    - **아폴론** 의술 · 음악의 신 — 제우스 + 레토
      - **아스클레피오스** 의술의 신
    - **아르테미스** 사냥 · 순결의 여신 — 제우스 + 레토
    - **아레스** 전쟁의 신 — 제우스 + 헤라
    - **헤파이스토스** 대장간의 신 — 제우스 + 헤라
    - **아프로디테** 헤파이스토스의 아내, 미의 여신 — 제우스 + 디오네
      - **에로스** 사랑의 신
    - **헤르메스** 신들의 전령, 상업의 신 — 제우스 + 마이아
    - **디오니소스** 술의 신 — 제우스 + 세멜레
    - **페르세포네** 하데스의 아내 지하 세계의 여왕 — 제우스 + 데메테르
  - **헤라** 신들의 여왕, 제우스의 아내
  - **헤스티아** 난로 · 불의 여신
  - **데메테르** 대지의 여신

그리스 로마 신화 주요 인물의 이름

그리스 어	로마 어	영어
가이아	텔루스	
니케	빅토리아	나이키, 빅토리
데메테르	케레스	세레스
디오니소스	바쿠스	바커스
레아	키벨레	시벨레
아레스	마르스	마스
아르테미스	디아나	다이애나
아테나	아테네, 미네르바	
아폴론	아폴로	아폴로
아프로디테	베누스	비너스
에로스	쿠피드, 아모르	큐피드
오디세우스	울릭세스	율리시스
우라노스	카일루스	유러너스
제우스	유피테르	주피터
크로노스	사투르누스	새턴
페르세포네	프로세르피나	
포세이돈	넵투누스	넵튠
하데스	플루톤	플루토
헤라	유노	주노
헤라클레스	헤르쿨레스	허큘리스
헤르메스	메르쿠리우스	머큐리
헤스티아	베스타	
헤파이스토스	불카누스	벌컨

그리스 로마 신화 올림포스 가디언 4

에로스와 프시케의 이별

펴낸이 양원석
펴낸곳 (주)알에이치코리아
등록 2004년 1월 15일 제2-3726호
주소 서울특별시 금천구 가산디지털2로 53, 20층 (한라시그마밸리)
문의전화 02)6443-8800

ISBN 978-89-255-4364-2(74800)
ISBN 978-89-255-4354-3(세트)

값 8,700원

원작 만화로 보는 그리스 로마 신화(가나출판사)
이광진 엮음, 홍은영 그림
명화 구입처 유로크레온(주)

※잘못된 책은 구입하신 곳에서 바꾸어 드립니다.
※책 모서리가 날카로워 다칠 수 있으니 사람을 향해 던지거나 떨어뜨리지 마십시오.